中华人民共和国成立70周年
The 70th Anniversary of the Founding of
The People's Republic of China

谨以此书献给中华人民共和国七十华诞

## 编委会

顾　问：朱亚衍　陈　桦　胡美金　朱　明　傅圆圆　庄晏成　吕　竞　郭亨群

主　任：洪泽生

副主任：张惠评　陈恬波　黄世界　李培德　杨凤翔　王素华　朱定波

委　员：汪冠峰　陈小钢　朱清辉　高友土　周和平　洪志雄

主　编：王素华　张惠评

副主编：汪冠峰　陈小钢

编　绘：洪志雄

## 联办单位：

泉州市闽浙赣边区革命史研究会

中共泉州市委党史和地方志研究室

中共泉州市委老干部局

泉州市教育局

泉州市社会科学界联合会

共青团泉州市委员会

# 铭记

## ——泉州革命英烈画传选编【第一辑】

王素华　张惠评 ◎ 主编

厦门大学出版社
XIAMEN UNIVERSITY PRESS
国家一级出版社
全国百佳图书出版单位

### 图书在版编目(CIP)数据

铭记:泉州革命英烈画传选编.第一辑./王素华,张惠评主编.—厦门:厦门大学出版社,2019.9
ISBN 978-7-5615-7631-1

Ⅰ.①铭… Ⅱ.①王…②张… Ⅲ.①革命烈士—列传—泉州—画册 Ⅳ.①K820.857.3-64

中国版本图书馆 CIP 数据核字(2019)第 202325 号

| | |
|---|---|
| 出 版 人 | 郑文礼 |
| 选题策划 | 泉州晚报社图书编辑出版中心 |
| 责任编辑 | 韩轲轲 |
| 特约编辑 | 骆如冰  王庭茂 |

| | |
|---|---|
| 出版发行 | 厦门大学出版社 |
| 社　　址 | 厦门市软件园二期望海路 39 号 |
| 邮政编码 | 361008 |
| 总　　机 | 0592-2181111  0592-2181406(传真) |
| 营销中心 | 0592-2184458  0592-2181365 |
| 网　　址 | http://www.xmupress.com |
| 邮　　箱 | xmup@xmupress.com |
| 印　　刷 | 厦门市竞成印刷有限公司 |

| | |
|---|---|
| 开本 | 889 mm×1 194 mm  1/16 |
| 印张 | 14 |
| 字数 | 208 千字 |
| 版次 | 2019 年 9 月第 1 版 |
| 印次 | 2019 年 9 月第 1 次印刷 |
| 定价 | 188.00 元 |

本书如有印装质量问题请直接寄承印厂调换

厦门大学出版社
微信二维码

厦门大学出版社
微博二维码

# 序

泉州有着光荣的革命历史，泉州人民富有光荣的革命传统。在中国共产党领导的新民主主义革命斗争中，涌现出一大批党的优秀儿女，他们为了中华民族的独立和中国人民的解放，在这块纵横一万多平方公里的红色土地上，不怕牺牲，前赴后继，用鲜血和生命谱写了壮丽的史诗，迎来了泉州的新生。他们的动人事迹，像一颗颗璀璨的明珠，在侨乡大地上熠熠生辉，成为泉州近代史上弥足珍贵的人文记录和泉州人民极其宝贵的精神财富。

适逢中华人民共和国成立七十周年、泉州解放七十周年，泉州市闽浙赣边区革命史研究会、中共泉州市委党史和地方志研究室、中共泉州市委老干部局、泉州市教育局、泉州市社会科学界联合会、共青团泉州市委员会等单位合作编纂《铭记——泉州革命英烈画传选编》连环画系列丛书第一辑。本辑依据中央文献出版社出版的《从中共泉州特支到泉州中心县委革命斗争史》，撷取具有代表意义且人物个性鲜明的十六位泉州英烈的英勇事迹，由泉州晚报社洪志雄先生以水墨画形式编绘成册，具有真实性、生动性、形象性和教育意义。本书经中共泉州市委党史和地方志研究室审定，厦门大学出版社出版，作为爱国主义和革命传统教育的精品教材向新中国七十华诞献礼。计划出版的本丛书二、三辑拟作为中国共产党成立一百周年的献礼书目，将着重精选安南永德中央苏区具有代表性的革命先烈及在泉州牺牲的华侨英烈故事进行编绘，以期比较全面地介绍为泉州解放事业英勇献身的烈士们。

本书的出版，旨在深切缅怀革命先烈的丰功伟绩，表达我们的思念和崇敬之情；让广大青少年牢记历史，铭记英雄，以他们为榜样，弘扬革命精神，传承红色基因，不忘初心，砥砺前行，去开拓美好幸福的未来。

本书出版过程中，得到社会各界的关注和支持。泉州市老领导、研究会顾问及合作单位为出版工作提出不少具有指导性的意见和建议，惠安达利集团、泉州市财政局等单位为丛书出版给予鼎力资助，主创者和出版社编辑为保证成书质量做出无私奉献，从而保证了本书的顺利出版。在此一一表示诚挚谢意。编绘革命英烈画传对我们来说，尚属首例，经验不足，出错难免，在此也敬请读者指正。

# 目录

（以烈士牺牲的时间为序排列）

张大宣 ...................... 一

李文墨 ...................... 一三

蓝飞鹤 ...................... 二七

林权民 ...................... 四三

吴敦仁 ...................... 五七

陈平山 ...................... 七一

董云阁 ...................... 八五

颜　湖 ...................... 九九

尤大斧 ...................... 一〇九

李　刚 ...................... 一二一

许运伙 ...................... 一三五

李子芳 ...................... 一四九

叶文霸 ...................... 一六三

吴天亮 ...................... 一七五

林伯祥 ...................... 一八九

郑家玄 ...................... 二〇一

张大宣

*1903—1927*

① 1903年9月,张大宣出生于永春县鳌峰(今吾峰)鳌西村一个书香门第。他的祖父、伯父、父亲都是晚清秀才,祖孙三代均为教书先生。张大宣自幼聪慧过人,但他10多岁时,父母不幸先后亡故。因他素有抱负,读书刻苦,深得伯父的器重和支持,学业得以继续。

② 1920年春,张大宣以优异的成绩考入集美师范。在五四运动的影响下,学校里的新文化运动方兴未艾。张大宣接触到进步书刊,思想境界不断提高,他深深地感到,要改造黑暗的社会,就必须向广大民众传播新思想。

③ 在伯父的支持下，张大宣于1925年进入厦门大学深造。此时，震惊中外的反帝爱国五卅运动在上海爆发，并很快席卷全国。第二年，北京又发生了三一八惨案。张大宣的爱国热情日益高涨，思想进步的他于1926年夏加入了中国共产党。因为斗争的需要，他中途辍学，奉命回到永春开展革命斗争。

④ 张大宣回到永春后，先后在日新小学和润中公学任教。他白天授课，晚上到附近的学校宣传革命真理，并开始酝酿成立学校联合会。1926年，永春学校联合会成立，他被推举为临时主席。通过这个组织，他大力开展活动，向师生宣传马列主义，并设立阅览室，提供进步书刊供师生学习。

⑤ 1926年，鉴于永春县农民运动的蓬勃开展，张大宣开始致力于农民协会的筹建工作，发表《永春农民协会筹备处宣言》，号召农民联合起来，进行革命斗争。1927年3月，福建省农民协会委任张大宣为永春县农民协会主任，颜步青为执委。在张大宣等人的领导下，永春的农民运动风起云涌，他们开展减租减息、抗捐抗租和批斗地主的活动，广大农民扬眉吐气，斗争热情高涨。

⑥ 1927年,蒋介石发动四一二反革命政变。永春国民党右派开始"清党",并大肆搜捕共产党员,刚兴起的农民运动有被扼杀之危。在这白色恐怖中,张大宣不顾个人安危,利用农会主任的身份继续领导农民开展减租抗租的斗争。

⑦ 1927年夏,永春县农民协会在润中公学操场召开农民大会,有1000多人参加。会上宣传革命形势,号召农民开展减租、抗饷、反迫害的运动。

⑧ 他们举行示威游行，队伍来到国民党永春县政府请愿。广大农民要求废除苛捐杂税，惩治贪官污吏。声势浩大的示威吓得县府紧闭大门，军警鸣枪威胁。此时，没有武装的农民只得暂时撤退。

⑨ 张大宣领导农民运动大得民心，却使得反动当局十分惧恨，必欲除之而后快。他们慑于张大宣在永春民众中的威望而不敢在当地下毒手，于是派出杀手伺机而动。1927年9月1日，张大宣赴省城参加省农协大会，途经泉州市区花巷时，被埋伏于此的杀手杀害。他牺牲时，年仅24岁。

⑩ 消息传到永春,县农会、基层农会成员和广大农民悲愤不已,组织专人到泉州运回张大宣灵柩。1927年9月20日下午,他们在县体育场举行张大宣追悼大会暨出殡仪式,有2000多人参加。当地各界及外地送来的花圈、挽联甚多。其中仙游县农会的挽联写道:"大得民心骨香梓里,宣传农运血溅桐城。"可谓对张大宣的一生做了最确切的评价。

⑪ 张大宣是大革命时期永春革命的先驱、永春县首批中共党员、首任农民协会主任。他为革命理想和信念而捐躯,激励着更多的革命者前仆后继,继续斗争,直至胜利。

李文墨

1908—1930

① 李文墨，字西园，1908年生，永春县东平乡冷水村人。父亲李载考热爱家乡的教育事业，被誉为"助学可风"。童年的李文墨受到五四运动的影响，有强烈的爱国情怀，小学毕业后被保送到位于莆田的福建省立第四师范学校（以下简称"省立四师"）学习。

② 在学校里,李文墨积极参加学生运动,并于1926年加入共青团。1927年4月,蒋介石背叛革命,大肆抓捕共产党人,镇压革命群众,革命处于低潮。在这极端困难下,他经受住了考验,由省立四师教师、中共党员郭寿銮介绍,加入了中国共产党。

③ 1927年秋，李文墨从省立四师毕业后，回到家乡任冷水小学校长。那时，当地的农运正蓬勃兴起。他常深入农民中，宣传革命道理。同年11月，永春县东区农民协会成立，他因为表现突出，被选为东区农协领导人之一。

④ 东区农民协会在永春县委的领导下,于1928年2月举行声势浩大的示威活动,李文墨走在队伍的最前面,他们高举红旗,肩扛土枪、大刀等武器,喊着口号,浩浩荡荡向县城进发,吓得驻守县城的军阀头子率部逃窜。

⑤ 1928年9月，李文墨参加中共永春县第一次代表大会和共青团第一次代表大会，当选为共青团永春县委书记。党代会后，他积极配合县委着力抓武装工作，争取太平街几户商人自卫的枪支武器建立东区民团，并开展减租抗饷、镇压劣绅的活动。

⑥ 蓬勃兴起的农民运动让国民党和地方势力非常惊恐，他们沆瀣一气，在1928年11月9日这天强缴东区民团枪支，抓捕农协骨干颜步青等9人，农运受到摧残。李文墨不但没被吓倒，意志反而更加坚定，他转移到永春中、西区一带继续斗争。

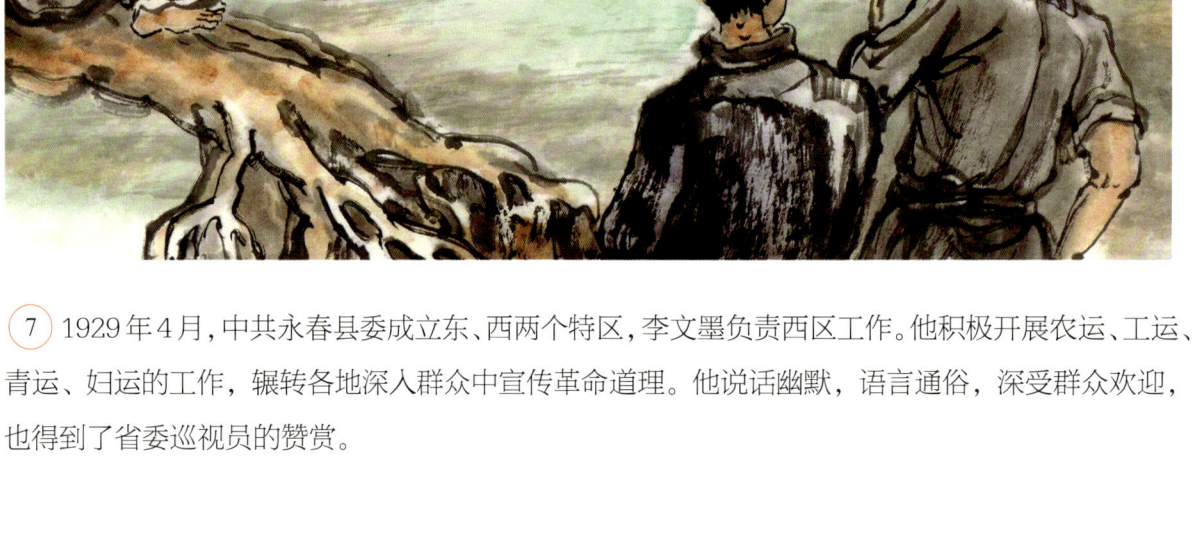

⑦ 1929年4月,中共永春县委成立东、西两个特区,李文墨负责西区工作。他积极开展农运、工运、青运、妇运的工作,辗转各地深入群众中宣传革命道理。他说话幽默,语言通俗,深受群众欢迎,也得到了省委巡视员的赞赏。

⑧ 1930年元旦，军阀陈国辉借庆祝元旦之机，强迫群众参加庆祝晚会，以进行反共宣传和派捐派饷。县委抓住机会，由李文墨、吴国清等人连夜印刷传单、写标语，并在陈国辉到会场前，率领进步青年和群众抢先入场。

⑨ 李文墨登台演讲,揭露军阀压迫,宣传革命形势。接着又散发传单,张贴标语,组织示威游行,群众深受鼓舞。他们沿途高呼口号,陈国辉慌忙调动军警,冲散游行示威队伍。

⑩ 东区农会有个混进来的异己分子李某,其生活作风腐败,又大力拉拢亲信,打击异己,李文墨狠狠地批评了他,此人怀恨在心。一天晚上,他埋伏在李文墨必经之路,突然朝李文墨开枪,企图暗杀李文墨,但幸未击中。

⑪ 1930年春,李文墨在五里街和县城等地活动时暴露身份,旋即转移到启明小学,以教员身份作掩护继续斗争,因被人告密,于1930年4月在东山祖厝不幸被捕。他父亲四处疏通关系,但他劝慰父亲不要伤心,还让父亲探狱时提来酒菜,他从容而饮,体现出革命者大无畏的精神气节。

⑫ 1930年5月11日,在永春西校场,年仅22岁的优秀共产党员李文墨大义凛然,昂首阔步,高呼革命口号,高唱革命歌曲,蔑视着敌人从容就义。

蓝飞鹤

1901—1930

① 1919年风起云涌的五四运动，对年仅18岁正在集美中学就读的惠安籍学生蓝飞鹤产生了非常深刻的影响。他大量地阅读进步书刊，积极参加学生运动。第二年，集美学校学生为反对学校迫害进步学生而罢课，蓝飞鹤正是这次学潮的骨干，也因此而被学校开除。但他并未被打垮，继续行走在探索真理的道路上。

② 随后,蓝飞鹤到泉州省立十一中读书,再次因为闹学潮而被除名。毫不气馁的他进入泉州私立明新师范学校就读,校长是个开明绅士。蓝飞鹤与进步师生组织了"明新剧社",演出现代话剧《黑籍冤魂》,宣传五四运动的新文化、新思想,赢得师生的赞赏。

③ 师范毕业后,他来到一所乡间小学任教。课余在艺术领域勤奋探索,在中国画、油画、水彩、素描、篆刻、雕刻、摄影等方面都有相当造诣。他画了一幅《雄鸡报晓图》,题上"长夜一声天地白"的句子,借翰墨以明志,表明他并非书斋里的文弱书生,而是对革命胜利充满向往和期盼的热血青年。

④ 1923年，蓝飞鹤到厦门禾山云梯中学任美术教员。当时，国内时局混乱，军阀混战，列强横行。他在厦门街头目睹了日本浪人、英美水兵的横行霸道和刁蛮无理，非常愤慨，便常以诗词消愁。

⑤ 蓝飞鹤于1925年只身远赴新加坡。刚到狮城，他以卖画为生。后来，到英属的沙捞越当小学教员。他与当地华侨密切联系，组织和领导贫苦华侨举行罢工、罢市、罢课、反迫害、争人权的示威请愿等活动，因而被当局驱逐出境。

⑥ 1927年冬，蓝飞鹤回到祖国。不久认识了黄埔军校五期学生、共产党员陈平山。他从陈平山那里读到了很多马列主义著作，联想到中国的现实，懂得了只有中国共产党才能救广大劳苦大众于水火，才能拯救国家民族于危难。经陈平山介绍，蓝飞鹤于1929年初加入了中国共产党。

⑦ 由于斗争需要，蓝飞鹤于1930年初奉调厦门，组织港区工人斗争。厦门大劫狱胜利之后，他调任泉州特委任组织部长，负责泉州工人运动。蓝飞鹤很讲究工作方法，常和工人拉家常、交朋友，和他们关系密切。他曾发动人力车夫、建筑工、搬运工在闹市南十字街举行示威游行，声势浩大，军警惊慌失措，狼狈万分。

⑧ 1930年，中共福建省委在厦门召开第二次党代会，党代表恽代英鉴于局势，要求加紧领导群众武装暴动和游击战。会后，省委又两次发文件，命令泉州特委迅速组织农民开展抗捐抗税的武装斗争，建立苏维埃政权。泉州特委把蓝飞鹤派到惠安准备暴动。

⑨ 经周密部署，农民暴动开始了！1930年9月16日，福建红军惠安总指挥部第二团在后洋村举行授旗誓师大会。蓝飞鹤做了简短的讲话，宣布纪律，随即发布出击命令。红军战士臂缠袖章，手持刀枪，高喊口号，在团长蓝飞鹤、政委陈琨的率领下，在嘹亮的军号声中，一举攻下了山柄民团的碉堡。

⑩ 蓝飞鹤率领红军战士打响了惠安暴动第一枪，击毙了民团团总，镇压了一些地主恶霸，把绣着铁锤镰刀的红旗高高地插在民团的碉堡上。同时召开群众大会，烧毁田契债券，张贴红军布告和苏维埃政府施政纲领，成立泉州地区第一个乡级红色政权——五陈乡苏维埃政府。

⑪ 斗争形势很好,但蓝飞鹤的疟疾却复发了,他拒绝隐蔽养病,而加紧扩大战果。17日,他率红二团进驻湖埭头村,召开村民大会,成立村苏维埃政府;18日,率领红二团成功袭击前林村,为与惠北红一团会师做准备。红军在前林村还镇压了一些恶贯满盈的恶霸,使广大劳苦大众扬眉吐气。

⑫ 19日,蓝飞鹤已经病得眼看就要倒下了,在这节骨眼上,敌军两个连、一个迫击炮排和县民团、乡镇民团共1000多人,包围了红军的屿头山阵地,情况危急!虽然蓝飞鹤和战友浴血奋战冲出重围,但虚弱的他为掩护战友,体力不支而掉队,最终不幸被捕。

⑬ 敌人抓到蓝飞鹤,如获至宝。他们软硬兼施,企图以他为突破口而一举"剿灭"惠安的地下党组织。但在铁血硬汉蓝飞鹤面前,他们的种种诱降诡计都破灭了。蓝飞鹤说:"只要一息尚存,我就要为共产主义斗争到底!"随后,他吟出了那首著名的狱中诗:"横胸铁血扫难开,浩劫摧磨志不灰。遍地铜驼荆棘变,游魂应逐战旗来。"

⑭ 蓝飞鹤抱定必死的决心，面对酷刑坚贞不屈。红军指挥部多方设法营救未果。1930年9月26日黄昏，他拖着重镣，被军警押赴刑场。他沿途高呼口号，唱起激昂的《国际歌》，在霏霏细雨中英勇就义。他的牺牲没有吓倒革命者，反而激发了更多的有志者继续为真理而斗争。

林权民

1911—1930

① 1911年春,林权民出生于惠东辛埭头村一户余姓贫苦农家,父母难以养活他,就把他卖到涂寨乡大坝内村林伦家。林家养父是个技艺高超的修理榨油坊的木匠,但常受恶霸地主的欺凌,就迁居东岭乡前林村。小权民自幼目睹封建势力的专横,仇恨的种子在他幼小的心间萌芽。

② 忍辱负重的养父把希望寄托在小权民身上,决心让他读书长进,所以对他很严格。在他7岁时就送他进乡村学堂念书。1925年,林权民转到县城的惠安公学就读。在学校里,他刻苦用功,加上天资聪颖,学习成绩名列前茅。

③ 16岁时,林权民遭遇养母病逝等家庭变故,家里经济更加拮据。而求学心切的他在养父房中找到近百块银圆,他拿走其中的82块银圆,给养父留下了字条,于1928年初来到集美学校师范部就读。在这里,林权民在学习之余,开始博览进步书刊,关心国家大事,学识和眼界大开。

④ 这时，林权民认识了陈平山等一批惠安籍中共地下党员。在与这些同志交往中，他懂得了很多革命道理，明白了要摧毁黑暗旧社会就必须奋起斗争。他的行动引起学校当局的注意，师范部校长操纵学校把林权民开除了。

⑤ 挫折并没有击垮林权民,而是把他锻炼得更成熟。经陈平山介绍,1928年组织上吸收17岁的林权民入党。年底,他受组织指派,带着一批进步书籍回到家乡,在前林村、东埭村一带开展革命活动。

⑥ 中共惠安县委第一次代表大会于1929年9月召开，林权民任共青团惠安县委书记，12月，任中共惠安县委委员。县委领导学生开展反对官员侵吞税款和清算税吏贪污的活动，遭到镇压，县委机关被迫撤到惠东。林权民与蓝飞鹤、陈琨等同志在这里建立革命据点，提出"打倒土豪劣绅"等口号，教育和动员广大农民。

⑦ 1930年，中共福建省委第二次党代会做出"举行地方暴动，建立苏维埃政权"的决议后，省委派员赴惠安加强领导工作。泉州特委陈平山、蓝飞鹤等人和惠安县委林权民、吴敦仁等队伍在涂寨乡和涂岭乡相继召开会议。接着，他们以后洋村为中心，整编地下党的武装骨干，扩大赤卫队。

⑧ 同年，省委两次指示泉州特委迅速领导农民开展"五抗"斗争，发动武装暴动，建立苏维埃政权。泉州特委把暴动地点选在惠安。7月初，省委同意惠安武装暴动的决定。作为暴动领导人之一的林权民激情满怀，不知疲倦地为暴动而忙碌。

⑨ 1930年8月，领导惠安暴动的泉州特委和惠安县委领导在五陈乡山尾村开会，制定暴动的具体方案，决定成立福建红军独立第一师两个团的建制。惠北为第一团，惠东为第二团。蓝飞鹤、林权民在惠东领导暴动。他们组织前林村夜校妇女连夜缝制红旗和臂章，组织突击印刷传单，赶写标语、布告等宣传品，还编写了《暴动歌》。

⑩ 1930年9月16日凌晨，暴动开始了，惠东各地的工农武装聚集山霞乡后洋村，高举红二团战旗，高唱战歌，捣毁碉堡，镇压民团头子，建立惠安县第一个红色政权"五陈乡苏维埃政府"。在前林村，他们镇压地主，烧毁地契、鸦片，把没收的粮食财物分给农民，深得民众的拥戴。

⑪ 正当红二团挺进屿头山,准备与红一团汇合时,19日凌晨,反动当局纠集敌军两个连和民团武装近千人包围了屿头山。红二团与敌鏖战后,寡不敌众,政委、营长壮烈牺牲,团长蓝飞鹤被捕,林权民指挥部队分散和转移。

⑫ 暴动失利后,林权民仍坚持留下来做善后工作。反动分子以 200 块银圆和一支手枪悬赏抓捕林权民,但他毫不畏惧。叛徒刘某却到处搜寻他的行踪,10 月 16 日晚,当林权民在东房村活动时,被叛徒发现告密而不幸被捕。

⑬ 林权民被捕后,他以共产党员钢铁般的意志挺过一场又一场惨绝人寰的酷刑,到最后,他用虚弱的声音威严地对敌人斥道:"今天你杀死我,明天会有更多的人杀死你!"敌人把他折磨得奄奄一息才枪杀了他。年仅19岁的优秀共产党员林权民牺牲了,但他的精神永远闪耀着光辉。

吳敦仁

1906—1930

① 吴敦仁生于 1906 年 2 月，惠安县涂岭乡林角村人。他是惠安早期的共产党员，学生运动和农民运动的领导人。吴敦仁自幼性情敦厚，有正义感，看到阶级剥削和黑暗统治便产生强烈的不满，这为他以后走上革命道路埋下了种子。

② 1921年秋，吴敦仁考上集美师范。此时，中国民主革命方兴未艾。受到马克思主义的启迪，他积极参加地下党领导的活动。1925年发生席卷全国的五卅运动，这年暑假，他召集集美的惠安籍同学回乡宣传革命思想，希望唤醒广大劳苦大众同帝国主义和封建势力做斗争。

③ 1926年秋，吴敦仁毕业后，加入共产党员王德彰、吴国珍领导的进步学生回乡宣传队，回到惠安。他们以惠安公学为据点向师生宣传革命思想，成立学生宣传队，深入城乡各地贴标语、发传单，组织游行和演讲，很受群众欢迎。

④ 同年秋,北伐军进入惠安。吴敦仁和宣传队的同志们热情迎接北伐军,并举行祝捷大会,组织演讲、游行,揭露反动势力的黑暗本质。他的斗争精神和工作热情受到大家的称赞。年底,经王德彰、吴国珍介绍,吴敦仁加入中国共产党,成为惠安县地下党早期的8个党员之一。

⑤ 中共惠安临时县委为进一步推动工农运动，于1927年初以县学生联合会的名义，由吴敦仁等八位同志组成钱粮监督委员会。他们为反对县政府对农民征收苛捐杂税而不辞劳苦，日夜奔忙。3月间，为配合打倒土豪劣绅的斗争，吴敦仁亲手起草《为打倒土豪劣绅告惠安民众书》，引起强烈反响。

⑥ 吴敦仁等人又开始训练农民自己的武装——农民自卫军。他把自己的薪水大部分用来资助革命活动,当农协会和自卫军需要布料制作袖章和红旗时,他献出家中的几丈红布,并亲手缝制。又设法筹集款项购置枪支,把自卫军武装起来,有300人的涂岭农民自卫军于1927年7月14日在林角村正式成立。

铭记

泉州革命英烈画传选编 【第一辑】

⑦ 1927年夏，涂岭农民自卫军进行了三次武装抗捐斗争。吴敦仁臂戴袖章，手执长枪，和施岑侬、王德彰一起带领自卫军和武装群众，先后击退反动当局的征税军队和林寿国催捐军队300多人，缴获10多支枪和其他战利品。

⑧ 中共福建临时省委于1928年初召开紧急扩大会议,吴敦仁和吴国珍出席会议。省委肯定了惠安的农民抗捐斗争。吴敦仁深受鼓舞,决心加强斗争。然而,2月中旬,涂岭农会突遭国民党偷袭,多位负责人被捕。吴敦仁等人转移到泗洲一带山区,重新整顿和组织农民自卫军。

⑨ 1928年春,国民党海军陆战队林寿国部杨燕周营进攻泗洲一带,妄图摧毁农会。吴敦仁、吴国珍等人指挥自卫军与杨营激战。自卫军消灭和俘虏敌官兵70余人,缴获枪械200多支,取得了重大胜利。

⑩ 1930年初,泉州特委军委书记陈平山多次到涂岭一带指导整顿地下党组织。在惠安县委的领导下,吴敦仁、陈兴桂、朱成吉等于7月6日组织涂岭、菱溪、三朱等地近千名农民武装,进行反抗土匪征收烟苗捐的"抗捐拒匪"斗争,吴敦仁率领500人的武装队伍在菱溪痛击匪徒,取得胜利。

⑪ 1930年7月，福建省委决定在惠安举行暴动，计划惠东、惠北同时举事。9月，成立福建红军惠安总指挥部。按照分工，吴敦仁负责率领一支队伍埋伏在陈潼关一带，准备阻击来自莆田的增援敌军。14日，他率红一团500多人按预定时间集结，随后出击地主恶霸的据点，但被附近村民误认为劫匪，为避免误伤百姓，红一团撤回泗洲一带。

⑫ 惠安暴动失败后,反动当局派出大批军警和民团疯狂"围剿"革命武装,残杀共产党人,惠安一带笼罩在白色恐怖中。有人劝告在家养病的吴敦仁:"恶霸陈某正想尽办法收买匪徒要杀你!"他泰然地说:"人总有一死,但为革命而死,有何可惧哉!"

⑬ 1930年12月26日，吴敦仁外出活动，当他傍晚回家躺在床上看书时，被恶霸陈某收买的匪徒已潜伏在吴家卧室外窗下，他们朝吴敦仁射击，击中他的胸、肩胛等处，吴敦仁顿时倒在血泊中。年仅24岁的吴敦仁，为了革命牺牲了。

陈平山

*1904—1931*

① 陈平山于1904年出生在惠安县涂岭乡樟脚村犁壁岭一户穷苦的基督教徒家庭。贫困的家境让陈平山自幼就得上山放牧、砍柴，10多岁才到惠安时化学校读书。在学校里他勤奋学习，手不释卷，深得老师器重，特意为他取学名震寰，寄予厚望。

② 1923年至1924年间,惠北一带农民发动武装抗捐斗争,消灭军阀一个连,取得胜利。中共中央机关报《向导》报道此事,声援惠安人民,这让爱憎分明的陈平山受到震撼。特别是1925年上海发生五卅惨案后,他决心投笔从戎。同年秋,他和几个进步同学由许卓然介绍,到广州投考黄埔军校。

③ 在黄埔，陈平山比较系统地学习了马列主义基本理论，思想水平迅速提高。1926年加入共青团，随即转为共产党员。他不仅理论强，还刻苦学习各种军事技能，练就一手好枪法。他经常在夜间燃一炷香插地，然后对其射击，能百发百中，被誉为"神枪手"，党内同志都称赞他"文武双全"。

④ 1927年4月，蒋介石在上海发动反革命政变，黄埔军校开始"清党"。陈平山和200多个左派同学被押到6艘辎重艇隔离，后又被转移到广州虎门监狱关押。12月11日广州起义时，他和同学们破狱而出参加暴动。在激战中，陈平山非常勇敢，他头部受伤，裹着纱布，仍冲锋在前。

⑤ 1928年初,中共福建临时省委在厦门召开紧急扩大会议,确定党的任务。陈平山受党指派往返于漳州、厦门进行地下工作。在厦门,他经常深入码头工人中间去宣传革命。他外出时都要化装一番,有时西装革履,有时汉装斗笠,有时扮成黄包车夫,拉着黄包车到太古码头转悠。

⑥ 同年6月,因叛徒出卖,陈平山被捕。在漳州监狱里,他受尽严刑拷打,但他的坚贞不屈感动了狱管人员,代为请医师陈培之到狱中为他疗伤。陈医师与地下党取得联系,党组织派人潜入狱中,营救陈平山出狱。

⑦ 陈平山于1929年春来到涂岭，进行恢复农会的工作。在短短两个月内，他走遍山区每个角落进行宣传和组织工作。到初夏，涂岭的农会会员已发展到两三千人，自卫军1000多人。武装力量按村落编为13个连。他每到一地，都不忘发展党组织，蓝飞鹤、蓝飞凤、林权民等同志都是这个时期由他介绍入党的。

⑧ 1930年夏,福建省委任命陈平山为泉州特委军委书记。为发展需要和加快培训干部,泉州特委在梅石书院开办干部训练班,数百名青年参加。主要学习马列主义理论、党的基本知识、国内外政治形势等,陈平山不仅为培训班选派许多青年,还筹集了不少急需的物资。

⑨ 同年8月,福建省委同意泉州特委举行惠安暴动的决定。省委书记罗明来泉州、惠安检查工作,决定成立福建红军惠安总指挥部,任命陈平山为总指挥。他和蓝飞鹤等同志夜以继日地发展秘密农会点和交通站,不久,打开了"辋川走廊",沟通惠东、惠北两地的交通联络。

⑩ 惠安暴动的准备工作紧张地进行着。到了9月14日夜，红军第一团战士佩戴着"红军"臂章，集结于恒德寺，陈平山做了战前动员。15日凌晨，队伍出发了，有300多个战士围攻涂岭反动乡绅陈某住宅。因其家铁门坚固一时砸不开，邻村乡民不明真相，鸣锣聚众冲过来，为避免与群众发生冲突，陈平山下令部队撤回泗洲一带。

⑪ 惠安暴动失败后,省委决定让陈平山留下来坚持斗争,开辟惠安、仙游、晋江交界的三坪游击区。他根据省委指示指导涂岭区委进行整顿,派干部在驿坂等地以村"联防"为名培训游击队骨干,掌握地方武装。一度使北起枫亭、南到驿坂一带的国民党党政机关撤逃一空,出现武装游击队的"赤色区"。

⑫ 陈平山活动能力很强,反动当局非常忌怕他,悬赏1000块银圆到处通缉他。反动豪绅也在加紧密谋暗杀他,但他毫不畏惧,以革命者大无畏的气概,忘我地为党的事业和民众的翻身而奔忙。

⑬ 1930年冬,莆田特委(当时惠安县已划归莆田特委领导)决定转移和开辟新的游击区。1931年1月7日,为迎接莆田特委和红军教导队进驻三坪山区,陈平山从仙游园庄赶回涂岭,途经寨后村一个叫苦鸟笼的地方,遭土匪枪击,他身中数枪,为了崇高的革命事业而壮烈牺牲。

董云阁

*1908—1932*

① 董云阁于1908年出生于晋江永宁（今石狮永宁）一个菲律宾侨属家庭。11岁时他随父亲往菲律宾谋生，小学毕业后又跟随叔父回国，在爱国华侨陈嘉庚创办的集美中学求学。当时，受五四运动的影响，校园中学生创办的各种进步团体十分活跃，传阅革命书刊，民主氛围浓厚。

② 受到新思想熏陶的董云阁迅速成长起来,他和李松林等人成立"闽南文化促进会""平民夜校"等团体,并于1926年加入共青团,不久转为中共党员。他因频繁参与学运受到监视,就转入厦门大学当旁听生,继续革命活动。

③ 1926年10月，北伐军入闽。时为共产党员的厦门大学学生李松林受党的派遣来到泉州，在泉属各县发展党团组织。董云阁也回到家乡永宁一带发起农民运动，宣传马列主义，传播革命火种。

④ 1927年4月,国民党右派发动反革命政变,白色恐怖笼罩厦门。董云阁又到厦门,舍生忘死为党工作。由于工作出色,1929年7月,他被任命为共青团福建省委组织部部长。翌年,他代理共青团福建省委书记,时年22岁。

⑤ 1930年秋,董云阁担任共青团福建省委书记;年底,被派到漳州协助陶铸工作。他们在南天寺重建中共闽南特别委员会,陶铸任书记,他任副书记。他们边抓漳州各地党组织的恢复重建,边发展力量,开展武装斗争。

⑥ 1931年春,设在厦门鼓浪屿的中共福建省委机关遭到反动当局的破坏,多人被捕和牺牲。母亲和妻子很担心,把他叫回家暂避风头。董云阁深情地说:"没有国,哪有家?"危难关头,董云阁毅然接受中央指示,勇挑重担,建立省委临时组织,担负起指导全省革命斗争的重任,直至同年7月中共厦门中心市委成立。

⑦ 在此期间,《江声报》工人、共产党员倪六姑被捕叛变。他出狱后要求党组织分配他到漳州当交通员,企图将闽南特委和游击队一网打尽。董云阁将计就计,同意倪六姑的要求,同时把情况秘密通知漳州游击队队长王占春。

⑧ 倪六姑一到漳州即被扣押。在审讯中，倪六姑承认自己被捕后供出省委机关的情况，他感到罪孽深重，企图逃跑而被王占春击毙。叛徒得到应有的惩罚，党组织也消除了一个隐患。

⑨ 受中共厦门中心市委派遣，董云阁于1932年前往莆田、仙游巡视，宣传红军胜利的形势。在仙游时，有100多名群众包围前来勒索"鸦片捐"的士兵，他们反对军队收捐和抓人。董云阁抓住形势成立抗捐委员会，并杀掉一个土豪，把其财产分给贫农，由此声势大振。

⑩ 从仙游回到厦门后，董云阁被任命为中共厦门中心市委组织部部长。同时，中共厦门、福州两个中心市委联合报告党中央，建议成立闽南省委，由13个委员组成，董云阁为其中之一。

⑪ 1932年4月20日，毛泽东率领红军攻克漳州，厦门中心市委领导先后赴漳州配合红军工作。这时，厦门的工作由董云阁全面负责。目标大了，敌人就把注意力集中到他身上，尽管处境危险，但他全然不顾，一心为党尽力。

⑫ 不幸的事发生了。厦门中心市委地下印刷所于5月24日遭到敌人破坏,中心市委书记王海萍被捕。没过几天,董云阁也落入敌手。在监狱中他经受住严刑拷打,坚贞不屈,严守党的秘密。

⑬ 敌人始终没有从董云阁身上拷问到地下党组织的机密，终于在1932年10月23日将其杀害。年仅24岁的董云阁，在厦门禾山海军司令部的刑场上，大义凛然，慷慨就义。这种视死如归的气概令后人景仰。

颜 湖

1909—1933

① 颜湖本姓曾，1909年出生于德化县一个偏僻小山村，家里世代务农。5岁时，他被卖给三班乡一个颜姓村民为子。颜湖8岁入学，学习很用功，成绩优异，但因家贫14岁就辍学了，接着就去当学徒工做瓷器。

② 颜湖17岁时跟随养父到马来西亚麻坡投奔亲戚颜义广，不久养父因病回国。颜湖在异国受到资本家的压迫剥削，在颜义广带领下，参加了共产党领导的革命斗争，并于1927年加入了中国共产党（隶属中共海外支部）。

③ 颜湖积极参与当地反对资本家的罢工和示威活动,组织上考虑到他的安危,让他化名陈新民,并在1927年年底返回祖国。颜湖回到德化三班泗滨,兴办夜校传播革命道理,又组织农会和妇女会,参加活动的革命队伍日益壮大,群众最多时达2000多人。

④ 国共合作破裂后，革命处于低潮，夜校停办。颜湖到泉州打入陈国辉混成旅当庶务长，在反动部队中继续秘密搞革命，向士兵宣传共产党的政策。同时，他努力改善士兵的伙食，尽量让大家吃饱吃好，因而深得人心，团结了一批人为地下党出力，有人还把枪支弹药交给地下党。

⑤ 颜湖经常从军队中挑选一些同志,带到德化参加革命活动。1932年10月,安(溪)南(安)永(春)地下党组织与德化党组织成立德化工作委员会,颜湖任书记。他领导建立4个党支部,并在10个村组织农会、工会和赤卫队,开展抗租抗税等"五抗"斗争,有400多户农民和手工业者参加了斗争。

⑥ 1932年11月，中共安溪中心县委成立后，多次派人到德化开展武装斗争。颜湖组织人员在公路沿线的一些山头上堆木柴，以吹竹筒和手电光为号点燃大火。为迷惑敌人，他们在鱼篓燃鞭炮，发出的声音像机关枪一样。他们还毁公路、砍电线杆、割电线，闹得敌人闻风丧胆，日夜不宁。

⑦ 1933年春,纪念中国工农红军闽南游击队第二支队成立一周年大会召开,颜湖接到通知到安溪赴会。他和战友杨七带上两面德化妇女绣有镰刀斧头图案的红旗要献给大会。二人行至永春岭头亭时,遇到民团检查,颜湖转身就跑,民团兵丁穷追不舍。颜湖最后不幸落入敌手。

⑧ 为掩护同志,颜湖一口咬定不认识杨七。被捕后,敌人用铁丝捆绑他,又用烧红的铁条刺入他的手心,他昏死过去后,又被凉水泼醒。尽管受尽酷刑,但颜湖意志坚如磐石,毫不动摇!

⑨ 1933年5月12日，在永春西校场，颜湖同志昂首阔步，高唱《国际歌》，高呼着"共产党万岁！""红军万岁！"的口号英勇就义了。他那视死如归的气节让在场的许多群众感动得流下热泪，这种不屈不挠的精神体现出一个共产党人崇高的英雄气概。

尤大斧

1911—1935

① 尤大斧于1911年11月出生于晋江内坑砌坑村。父亲早逝，母亲患病，家中还有个幼小的妹妹，家庭生活的重担全压在他的肩上。生活的艰辛，使他养成了不惧苦难和倔强抗争的性格。

② 中共党员李肇云1930年春在砌坑小学任教。他办夜校传播马列主义，尤大斧在这里受到教育，明白了很多革命道理。年底，村里成立农会，尤大斧被选为农会主席。第二年他入了党。后来砌坑村成立党支部时，他任书记。

③ 尤大爷按照党的指示，展开了轰轰烈烈的农民运动。他们扩大农会，成立赤卫队和儿童团，组织宣传队，贴标语、发传单，火热的群众斗争使这里成为晋江革命斗争的重要阵地。外地的同志来得多了，活动经费短缺，尤大爷就把自家的母猪卖掉，把钱用于革命活动。

④ 1933年7月,尤大爷被选为中共晋南县委委员、官桥区区委书记兼晋南武装队队长,他率领武装队员大力开展斗争,在南安岭兜的后垵、杨行等村建立游击队根据地。

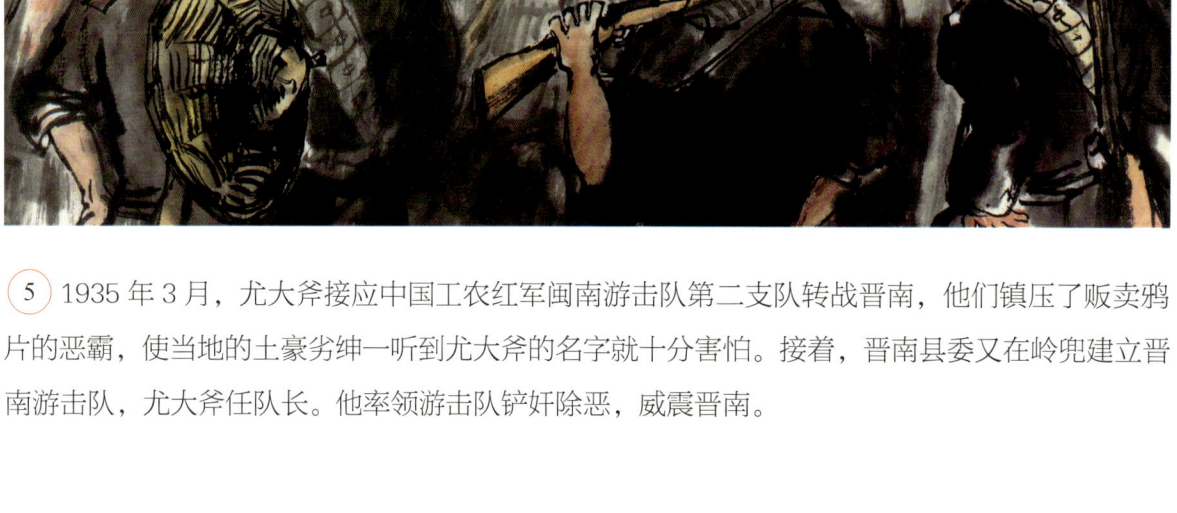

⑤ 1935年3月，尤大斧接应中国工农红军闽南游击队第二支队转战晋南，他们镇压了贩卖鸦片的恶霸，使当地的土豪劣绅一听到尤大斧的名字就十分害怕。接着，晋南县委又在岭兜建立晋南游击队，尤大斧任队长。他率领游击队铲奸除恶，威震晋南。

⑥ 有一次，敌人征粮人员带着两个班的敌军到白垵强征钱粮。游击队得到报告后，尤大斧立即带领队员袭击敌人征粮队的驻地，当场击毙两名征粮人员，焚毁田赋税单，反征粮的斗争打开了新局面，深得群众拥护。

⑦ 征不到粮,敌人就把抗征粮的群众抓起来。尤大斧亲率游击队和赤卫队队员30多人,冲进敌军的驻地。敌人正在吃晚饭,被突如其来的游击队吓得缴械投降。这场战斗只有短短十几分钟,游击队不发一枪一弹,就缴获长枪11支,短枪1支,救回了被捕的群众。

⑧ 革命斗争如火如荼地进行着。1935年4月的一天，尤大爷发动群众500多人，集合在官桥一带的山上，鸣枪吹号，又在夜间派赤卫队队员在官桥街头插红旗、贴标语，闹得敌人惊恐万状，有力地配合红二支队在安（溪）南（安）永（春）德（化）的反"围剿"斗争。

⑨ 1935年夏秋,敌军分兵几路包围岭兜,尤大斧认为不可硬拼,当即率兵转移。敌军不甘心"围剿"失败,又调集200多人,于10月初某夜,分三路包围红军游击队的驻地后垵村。

⑩ 翌日凌晨，尤大斧查哨时，发现游击队已被包围。他们马上分兵突围。尤大斧带领10多人突围出去了，迎面遭遇敌军，敌人围了上来，狂叫着："抓活的！"尤大斧怒喝道："活的共产党是抓不到的！"随即跳下深沟，队员也跟着跳下。他们滚到沟底，钻进树林，冲出了包围圈。

⑪ 尤大斧和几名游击队员隐藏在山洞里。10月6日上午，叛徒李锹、李开入洞假装与尤大斧接头，张姜等另两个叛徒埋伏在洞口。当尤大斧觉察情况有变时，已被李锹拉住，李开用棍子猛击他的头。这时，洞口的张姜对被打昏的尤大斧开枪！威震晋南的英雄尤大斧就这样被可耻的叛徒杀害了，牺牲时他年仅24岁。

李 刚

1914—1941

铭记 / 泉州革命英烈画传选编【第一辑】

① 李刚原名李敬文，1914年出生于南安诗山，父亲是马来西亚华侨。1930年春，李敬文随二哥到马来西亚谋生，少年的他目睹了资本家对工人的残酷剥削，萌生了为工人阶级谋解放的思想。不久，他请求二哥资助自己回国求学。

② 1931年夏,李敬文考入泉州昭昧国学。九一八事变后,他赋诗一首以明志:"铁蹄蹂躏我神州,一代江山万种愁。不杀倭奴不除暴,苍天辜负少年头。"同年秋,他加入中国共产党,改名李刚。

③ 1932年4月,闽南工农游击队第二支队在安溪佛仔格成立。李刚组织青年闹革命,组织农民抗租抗税。他带领青年制作了许多红旗插到诗山、钟山上,又四处张贴"打倒土豪劣绅"的标语,革命风起云涌,敌人闻风丧胆。

④ 1935年春,时任中共金淘区委委员兼共青团书记的李刚,大力组织群众抗税。有一天,粮税局一个排的士兵来金淘逼税催粮。李刚抓住时机,缜密部署,让游击队员化装成交粮农民,自己扮成会计,机智地消灭了一个排的敌兵,缴获长短枪25支和几百块银圆,大大地鼓舞了群众的斗志。

⑤ 李刚一贯与群众同甘共苦、亲密无间，因此深得民众拥戴，而敌人一听到他的名字就心惊胆颤。有一次，李刚被特务包围了，危急关头，几个农民故意把特务引向歧路，在群众的掩护下，李刚得以脱险。

⑥ 1935年秋,国民党军对诗山、金淘一带进行"围剿",地下党组织遭到严重破坏。在这极端危险和困难之际,李刚毫不畏缩,接受中国工农红军闽南游击队第二支队政委彭德清的派遣,到晋江白垵、塔头和惠安东南一带建立党组织,发展党员。1937年5月,李刚任晋南工委书记,6月任闽中工委委员。

⑦ 七七事变后,闽中地区国共和谈,闽中红军进驻泉州承天寺,其间国民党顽固派收缴红军枪械,杀害闽中工委书记、闽中红军领导人刘突军等,制造"泉州事件"。李刚与朱汉膺配合闽中工委,组织泉州抗日团体,在媒体上揭露国民党破坏抗日统一战线的阴谋。经党中央及时交涉,闽中红军开赴抗日前线。

⑧ 国共合作期间,李刚抓住时机深入泉属各县发动群众组织抗日团体,派共产党员辜仲钊参加福建省抗敌后援会泉州分会的工作,贯彻党中央的抗日方针。当时,地下党掌握了泉州不少舆论宣传阵地,泉州的工作局面很快地展开了。

⑨ 1938年夏中共福建省委成立，泉州闽中地方党组织隶属省委领导，省委决定撤销闽中工委，建立福清、莆田和泉州三个中心县委，直接受福建省委领导。李刚受命组建泉州中心县委并任书记。他把从厦门来泉州搞抗日活动的厦门青年战时服务团的同志们组织起来，协同斗争，掀起泉州地区轰轰烈烈的抗日救亡运动高潮。

⑩ 厦门沦陷后,泉州成为抗日前线。李刚在南安深坑召开晋南两县22个联保代表大会,各界热心的抗日爱国人士都来参加,决定成立"晋南联乡抗日自卫队"。会后发动群众捐钱粮、枪弹和军需,其中富户陈正宗捐出驳壳枪20支。自卫队拥有2000余人枪,开展守土迎敌的准备工作。

⑪ 1939年7月，福建省委决定把福清、莆田、泉州三个中心县委合并，成立中共闽南特委，李刚被任命为闽南特委书记。在李刚的支持下，泉州中心县委决定，在南安岭兜的养正中学（养正中学曾在1939年4月内迁南安岭兜）举办党员训练班，培养出许多年轻的党员骨干。

⑫ 1940年4月,泉州的时势愈加艰难。官商勾结大发国难财,粮价一日数涨,民不聊生。4月4日这天,李刚在泉州市区中山路水门巷口组织一场"抢米斗争"。这是反饥饿、斗奸商、拯救饥民的群众斗争,影响深远。

⑬ 1941年年初，国民党对闽北的崇安村头乡发动"围剿"。时在福建省委干校学习的李刚和部分人突围出来。他们为避开敌人而穿行在荒山野岭，靠野菜充饥。由于被困，李刚饿死在闽赣交界的荒山中，牺牲时年仅27岁。他一心为革命的大无畏精神，永远闪耀光辉，激励后人。

许运伙

*1912—1941*

① 许运伙于1912年出生于菲律宾宿务。出生不久,父亲就带他回到故乡——晋江县深沪吕宅村。他自幼命运坎坷,童年时父母、继父母就相继去世,许运伙由族人抚养,这一切的苦难练就了他坚强的性格。

② 他虽然过着寄人篱下的生活，但吃苦耐劳、踏实能干，和成人一起干着各种农活，还把打杂工挣来的钱悉数交给伯父许景借。闲暇时，又到私塾门口听先生讲课并认识了许多字。正因为小运伙忠厚老实、勤奋肯干且年少志大，族人公推他去菲律宾投靠伯父许景送。

③ 16岁的许运伙到了菲律宾，伯父送其入宿务中华学校读书。历尽艰辛的他很珍惜这个机会，发愤读书，学习成绩名列前茅。校长是旅菲华侨中的进步人士，常向学生传播进步思想，课余还带着师生深入工厂与工人谈心，借此宣传革命道理。

④ 中学毕业后，有思想觉悟的许运伙开始为自己的理想而斗争。在菲律宾共产党的领导下，他毅然投身社会最低层，以打杂工为掩护从事革命活动。1936年5月，他的身份暴露了，菲律宾当局通缉他，许运伙只得离开菲律宾回国。

⑤ 回国后许运伙和表弟到了上海。在上海结识了中共党员司马文森和进步青年何必然。七七事变后,他回到家乡,在小学任教。在此期间,许运伙认识了因安南永德苏区斗争失利而转到晋江塔头一带活动的李刚,经李刚介绍,他加入了中国共产党。

⑥ 接着，许运伙以教员身份在东石一带的乡村学校开展宣传抗日救国的活动，和同志们组织抗日话剧团，公演了《在松花江上》《打东洋》《抓汉奸》等剧目，以文艺的形式来揭露日寇暴行，宣传抗日英雄，激发广大群众的抗日热情。

⑦ 1938年8月，许运伙任中共泉州中心县委委员。他奔波于晋江、南安两县，深入群众宣传党的政策。中共泉州中心县委于1939年年底在南安岭兜举办党员训练班，他和李刚一起主持训练班，为大家讲党的历史、纪律及抗日民族统一战线等课程。授课形式深入浅出，通俗易懂，深受学员欢迎。

⑧ 1940年春夏间,泉州粮食青黄不接,一些奸商不顾民众死活,囤积居奇,操纵米市,米价一日数涨。泉州中心县委根据上级指示,4月4日在城中闹市区发动"抢米斗争"。群众高呼"打倒奸商",冲进米店,把几十包大米抬到街上分发给饥民,泉州中心县委宣传委员苏棠影还进行演讲,大大鼓舞了群众的斗志。

⑨ 地下党领导群众进行如火如荼的斗争,引起反动当局疯狂反扑。一时白色恐怖笼罩着泉属地区。1940年9月,泉州中心县委书记曾白羽等几人被捕,党组织处于危急关头,许运伙不顾个人安危,勇挑重担与敌斗争。由于许运伙不凡的领导才能,中共闽南特委任命他接任中共泉州中心县委书记。

⑩ 因长期忘我地投身革命活动,许运伙疏忽了个人的终身大事。1941年秋,他回到吕宅村时,婶母和亲戚朋友见他仍孑然一身,都很关心他的婚事,盼他早日组建家庭。许运伙动情地对大家说:"没有解放的祖国,焉能有幸福的家庭?"他又对关心他的同志说:"为革命,上刀山下火海,也无所畏惧,结婚建家庭岂不拖累!"革命气概,溢于言表。

⑪ 1941年10月31日,许运伙召集地下党的同志在吕宅村开会研究工作。午饭后,有两个同志在他家小楼上休息。突然,听到有人大叫:"人到哪里去了?"此时,一个便衣和一个警察闯了进来。许运伙立即掏出枪,指挥两个同志:"冲出去!"

⑫ 两位同志冲了出去，许运伙为了掩护他们，保护机密文件，开枪击中警察手腕，但就在要开第三枪时，枪弹卡壳了。在与敌人搏斗中，他腹部中弹，流血不止。他忍着剧痛跑到村口，但因失血过多而壮烈牺牲，时年29岁。

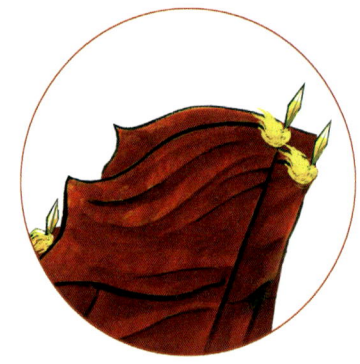

李子芳

*1910—1942*

① 1910年5月,李子芳出生在福建省晋江县永宁乡(今石狮永宁)岑兜一个华侨家庭。李子芳小时候父母便已过世,年仅14岁便漂洋过海到菲律宾,一边做工一边入马尼拉中西学校读书。时值俄国十月革命胜利,马克思主义在世界各地传播。他受到新思潮的启迪,眼界渐宽,慢慢懂得只有驱逐列强,打倒军阀,中华民族才能得解放的道理。

② 1927年春，国内大革命掀起高潮的消息传到菲岛，李子芳大受鼓舞。这年秋天他毅然回国，先后在泉州培元、晋中和黎明高中读书。在校期间，他与进步同学反督学、发传单、闹学潮，抨击时弊、传播进步思想，被校方认定为"过激派"而"劝退"出校园。

③ 随后,李子芳到泉州法石的法江小学教书。他以教员身份为掩护,利用各种形式向学生传播进步思想,宣传革命精神,指导学生成立自治会。后来,他因受到当局监视而被迫离开泉州,出外探索革命真理。

④ 1932年春,毛泽东率红军东路军攻打漳州,李子芳赶赴漳州石码参加红军,他被分配到红四军政治部组织部任干事。知识渊博的他被战士们誉为"大学生"。他来到中央苏区,历经第四次、第五次反"围剿"斗争锻炼,于1933年加入中国共产党。

⑤ 1934年10月,中央红军实施战略大转移撤出苏区。李子芳参加了举世闻名的二万五千里长征,在极端恶劣的行军环境中,他怀着对党的忠心和必胜的信念进行坚韧不拔的斗争,逐渐显示出非凡的才干。红军胜利抵达陕北后,李子芳升任红一军团政治部组织部部长,并被选为军团党委候补委员。

⑥ 李子芳努力工作，勤奋学习，迅速成长为优秀的红军干部。抗日战争爆发后，民族抗日统一战线形成，南方八省的游击队奉命组成新四军。李子芳于1937年11月调任新四军政治部组织部部长，他带领着30多名干部从延安经西安，到汉口、南昌负责组建新四军军部。

⑦ 1938年年初,李子芳随新四军开赴皖南。他职位虽高,但严于律己,没有警卫员和秘书,与干部战士朝夕相处,对他们关心爱护。他喜欢篮球运动,在他的影响下,虽然斗争环境艰苦,但政治部机关里团结活泼,充满了生机。

铭记 李子芳

⑧ 随着形势的发展，到了1941年年初，新四军处于十分危急的态势，军领导决定把老弱病残者转移到江北。此时李子芳正因盲肠炎住院开刀，部队决定让他先撤，但李子芳坚定地说："大家都在战斗流血，我身为干部更应该和同志们战斗在一起！"

⑨ 新四军军部主力8000余人奉命向江北转移，当部队行至泾县茂林时，被国民党军七个师的重兵所包围，李子芳在枪林弹雨中从容指挥战斗，到最后形势危急，叶挺军长决定部队分散突围。

⑩ 激战中,李子芳向官兵疾呼:"杀出一条血路来,夺血路而走!不管情况怎样,对革命不要灰心丧志!"经激战七昼夜,弹尽粮绝,他也终因体力耗尽,不幸落入敌手。

⑪ 李子芳被押送到江西上饶集中营,后来又被押解到石底监狱,同去的有黄诚等几名新四军干部。李子芳在狱中建立秘密党支部,被推为支部书记。他要求大家在残酷的环境中既要坚持斗争,又要求生存。同时,为战友的越狱做准备。

铭记

李子芳

⑫ 1941年深秋的一个暴风雨的黄昏,徐锦树等三人顺利翻越牢房,但因天黑迷了路,徐锦树在与追兵的搏斗中牺牲了,另外两名战友重新被投入囚牢。行动失败后,敌人给李子芳等四人戴上脚镣,他坚定地对战友说:"我们要坚守气节,绝不屈服!"

⑬ 1942年夏秋间，在上饶集中营迁往福建的前夕，李子芳被敌人残杀了。为了坚定的理想信念，李子芳同志壮烈牺牲了。他的高风亮节和革命精神成为后世楷模。

叶文霸

1921—1943

① 叶文霸，又名叶长青，原籍安溪，1921年出生于缅甸仰光。父亲叶元宵在缅甸经商，经过多年的苦心经营，家中颇有积蓄。叶文霸15岁那年，父亲携家眷回到祖国，在厦门置房定居。

② 1937年,卢沟桥事变后,叶元宵又携妻儿举家迁回原籍安溪参山村。他们是村中富有的家庭,但叶文霸不但没有纨绔子弟的恶习,反而关心和同情穷人,常常热心帮助他们。因此,村中父老无不称赞这个善良质朴的好青年。

③ 为了探求救国真理，叶文霸进入内迁安溪的集美学校读书。那时，中共泉州中心县委派侯如海、洪遂明等人在校内活动，组织"抗日同盟"，团结进步青年，介绍大家读《共产党宣言》《西行漫记》等进步书籍，引导他们了解马列主义。

④ 在这种环境中,叶文霸很快接受了进步思想。他与进步同学积极参加抗日救亡运动,并于1940年秋,由侯如海等人介绍加入中国共产党。

⑤ 1942年4月,泉州临时工委贯彻"隐蔽精干"的方针,实行特派员制。1943年春,上级把泉州党组织领导的地区分为泉州地区和永德大地区,泉州地区又分为四个区域,叶文霸为安(溪)南(安)区特派员。他不辞艰辛,不分昼夜跋山涉水,往返于各地了解情况,传达党的指示。

⑥ 在艰难的斗争环境中，叶文霸时时不忘党的组织建设，在学生、农民中吸收进步者入党，同时教育党员加强政治学习，密切联系群众。因他在工作上全心全意的投入，安（溪）南（安）地区党组织得到进一步发展。

⑦ 1943年夏季的一天,叶文霸执行传送党的机密文件的重大任务。当他从安溪县城步行到祥云渡时,缉私盐警正好在此设卡检查,他被拦下了。他身上携带着中共中央领导人起草的《质问国民党》电文稿和革命者的入党志愿书,但此时想脱身已不可能了。

⑧ 叶文霸急忙把这些文件揉成纸团塞入嘴中。警察见状,急忙卡住叶文霸的喉部,合力抠出他嘴里的纸团。见到这些重要文件,敌人如获至宝,当场逮捕了他,并押送到安溪警察局,投入监狱。

⑨ 在狱中,他严守党的机密,坚贞不屈,同敌人展开斗争。又巧妙地与敌周旋,把别人的入党志愿书说成是自己的,保护了同志,体现出共产党员的坚强意志和高尚情操。

⑩ 一个多月后,叶文霸作为政治犯被押解往三元县梅列集中营。敌人为了从他身上获得情报,对他施以酷刑。他被灌入人尿拌糠灰,待肚子鼓胀起,再被木棍竹竿碾压。叶文霸虽被折磨得死去活来,但面对敌人的残忍手段,他斗争意志坚如钢铁,毫不松口。

⑪ 敌人见酷刑动摇不了叶文霸坚如磐石的意志，便在一个凄风怒号的黑夜对他下了毒手，把他秘密杀害了。年仅22岁的叶文霸为了崇高的理想和信念献出了年轻的生命。

吴天亮

1921—1946

① 1921年7月,吴天亮出生于晋江县白坂村一个贫农家庭,儿时他是个好学勤俭爱劳动的孩子。1932年,他的兄长、共产党员吴烟腾聘请中共晋南特支委员蔡华西来白坂任小学校长,蔡华西选择一批穷孩子组成共产主义儿童团。12岁的吴天亮聪明伶俐又善于团结同学,被选为儿童团团长。他们负责放哨、联系、侦察等工作,自1932年至1936年,儿童团成为白坂村党支部的得力助手。

② 1933年夏,吴天亮辍学到砖瓦厂当学徒。第二年,加入共青团,仍负责儿童团工作。秋季,国民党进攻安南永根据地,白垵党支部配合开展反"围剿"斗争。吴天亮领导儿童团站岗放哨,监视敌情。夜里他们则破坏敌军的交通线,砍倒电线杆、剪断电线、烧毁桥梁,还发动群众捐钱捐物,有力地支援游击队的对敌斗争。

③ 1935年年初,一小股强征钱粮的敌军进驻白垵村,他们挨家挨户翻箱倒柜,搜刮百姓粮食,搜不到就拿走衣物、赶走猪牛作为抵押,村民对他们恨之入骨。晋南县委决定痛击这股敌军。吴天亮和几个儿童团骨干混入敌军驻地,摸清了情况。4月5日晚,游击队袭击敌军驻地,打死两个敌人,当众烧毁钱粮清单,大大地鼓舞了村民的斗志。

④ 这年秋天，儿童团情报组几个孩子去联保主任吴某家玩，听到吴某和人在室中密谈，依稀听到"×9日要来包围"等语。吴天亮立即汇报了这个情报，区委马上通知党员逢9日不能回家。敌人果然在10月19日包围了白坡，因为区委早有准备，同志们安然无恙。

⑤ 9月底10月初,晋南根据地遭受敌人围剿破坏,一些骨干牺牲了,革命处于低潮,但吴天亮并没有丧失斗志,他常和一些隐蔽的党员来往,继续进行地下斗争。1938年5月1日,经过考验,时任中共晋南工委书记的李刚介绍吴天亮、叶忠、郑堂楚加入中国共产党。

铭记

吴天亮

⑥ 1938年至1940年,吴天亮大部分时间都在晋江沿海一带工作。他和农民同甘苦,共命运。接着,他到中共泉州中心县委工作,奔走于泉属各县。为了更便于工作,他学会莆田话,把党的重要文件一句不漏地背熟,再口头传达。同志们都惊叹他有过人的记忆力,更敬佩他为了严守党的机密而付出的辛苦劳动。

⑦ 1941年夏,吴天亮参加中共闽南特委在永泰凤洛突军山举办的抗日骨干培训班。10月,他从闽南特委回到晋江,了解到泉州中心县委书记许运牺牲的经过,吴天亮等人急返特委汇报。特委决定,泉州中心县委改为泉州临时工委,由吴天亮任书记。1942年春,吴天亮到德化开展工作,建立中共毛厝支部。

铭记

吴天亮

⑧ 1943年春,上级决定中共泉州临时工委改为特派员制,划分为泉州地区和永(春)德(化)大(田)地区,吴天亮任中共永德大地区特派员。在此期间,他在德化开辟新区,通过群众以探亲访友的形式建立起10多个农村秘密联络点,这些联络点有扎实的群众基础,成为德化的一支新生革命力量。

⑨ 这时，中共福建省委机关准备迁到德化，省委指示吴天亮探寻一条德化通大田的安全道路，把大田武陵垵林大藩武装游击队接到德化来。吴天亮研究了地理环境，确定方案后，于1944年年初到大田，与林大藩等人率领武装队伍20多人组成"挺进大队"，化装成商人和挑夫，沿既定的路线，顺利到达目的地德化毛厝村。

⑩ 之后,吴天亮再次带领省委机关首批同志迁来德化坂里。在牛寮坑山上搭建了18座竹棚,并建立了机关电台。省委机关全部迁入后,吴天亮等人又在机关驻地附近做群众工作,确保机关安全和后勤供应。

⑪ 1944年5月,吴天亮奉命到泉州一带联系工作,顺道回晋江白垵家里探亲,他这才知道父亲去世已近一年。原来敌人把他父亲抓到乡公所,叫老人写信让吴天亮回家,老人被关七天得了重病。最后吴天亮母亲变卖家产赎回老人,但老人不久就去世了。敌人的暴行更加坚定了吴天亮干革命的决心,他安抚家人后,又匆匆赶回德化。

⑫ 抗战胜利后,吴天亮返回沿海地区组织一个工作队来德化,并设法筹集一些经费。1945年除夕下午,他回到白埈村,就被叛徒和特务察觉。当他晚上9点多离开家门时,十多个特务朝他猛扑过来,他和家人奋起反抗,但力量悬殊,他被敌人打昏后架走。

⑬ 1946年年初，他弟弟前往泉州探监，吴天亮已决心为革命而死，他勉励弟弟要更加坚定地同敌人继续斗争。2月21日，他被押送莆田看守所，在牢里他威武不屈，不为利禄美色所诱。23日下午，被杀害于莆田东郊东岩山报恩寺，牺牲时年仅25岁。

林伯祥

*1916—1946*

① 林伯祥，原名林松龄，1916年出生，原籍台湾嘉义。其父林维馨以行医为业，1917年举家迁到厦门。林伯祥自幼聪慧，8岁进书院读书，因成绩出众而直接升到三年级。他善思好问，在父亲的谆谆教导下，他的学识大为长进。

② 中学时代的林伯祥就开始接触革命思想。当时,有个缅甸侨生洪醒中跟随伯祥父亲学医。他和伯祥志趣相投,闲暇时常常教伯祥兄妹唱《国际歌》,还时常拿进步书刊给伯祥读,革命的种子就悄悄地在林伯祥心间埋下了。

③ 1934年,林伯祥考入厦门大学。他非常珍惜时间,刻苦学习,经常驻足书店、图书馆,博览群书,又和进步人士畅谈形势,抨击时弊,师友对他颇为赞赏。

④ 1937年春，厦门成立文化界救亡协会。林伯祥以极大的热情投入各种救亡运动中，他的工作热情引起协会领导人许展新的关注。在许展新的帮助下，1938年春，林伯祥加入了中国共产党。

⑤ 1938年5月13日,厦门沦陷。中共厦门工委成立厦门青年战时服务团(简称"厦青团"),林伯祥被选为干事,他为抗日救亡活动转战于漳州、海澄一带。在"抗日救国保乡"的号召下,他组织一支民兵武装队伍开展斗争,他们的活动受到群众的拥护。

⑥ 国民党当局非常仇视厦青团。1938年秋,国民党一七五师把厦青团团员押送到沙县集训,并于第二年强行解散厦青团。此后,林伯祥秘密到泉州,担任中共泉州中心县委青委委员、官桥区委书记、养正中学支部书记,公开的身份是养正中学的教员。

⑦ 1942年到1943年间,林伯祥在永春、漳浦等地任中学老师。他讲课形象生动,深入浅出;又治学严谨,勤于钻研。因知识渊博,他被誉为"百科全书"。

⑧ 革命斗争的艰难，使他从1940年至1945年间与党组织失去联系。他并不气馁，积极寻找党组织，而党也在寻找他。1945年秋，当中共安溪县工委书记、挺进工作队队长许集美在永春找到林伯祥时，林伯祥万分激动，按照组织原则向曾是自己学生的许集美汇报了与组织失散的经历。

⑨ 林伯祥的活动日渐引起当局的注意，组织让他转移。他以大局为重，想等学期结束后再离开。但就在1945年12月初的一天，永春县警察局局长带队来到毓斌中学，要逮捕林伯祥。

⑩ 校长林鹤龄反对逮捕林伯祥，他边和警察据理力争，边让人找来林伯祥。林伯祥一看情势不好，假装要解手，趁警察不留神，出了门猛一转身，迅速用铁锁将门锁起来，机智逃脱。

⑪ 第二天凌晨,他步行到苏坑时,被当地的保长发现并告密,林伯祥又落入敌手。不久即被押往莆田。在审讯中,他同敌人顽强做斗争。牺牲前,他书写文天祥"人生自古谁无死,留取丹心照汗青"的诗句以明心声。1946年2月24日,林伯祥被敌人杀害于莆田。

郑家玄

1916—1948

① 1916年秋，郑家玄生于古镇晋江安海的一个华侨家庭。父亲善良正直，母亲勤俭慈爱。父亲对儿子管教甚严，给郑家玄兄弟留下深刻的印象。

② 1922年，郑家玄入养正小学读书，1928年升入养正中学就读。初中毕业后，郑家玄希望继续求学，但因家贫，父亲就让他进入学费较低廉的泉州昭昧国学专修学校继续学业。在学校里，五四运动以后的新文艺作品和外国文学对他影响很大，尤其是冰心的著作深深地吸引着他。

③ 在书店当店员的哥哥经常带来进步书刊让郑家玄阅读，这大大拓宽了他的眼界并增长了他的见识，他开始关注国家命运。当日寇入侵中华，感于时势，他奋笔写下一篇篇檄文，特别是《祭淞沪抗日阵亡之将士文》，更是饱含血泪，使人读后扼腕长叹。

④ 七七事变后，安海地区的抗日救亡活动日趋活跃，几间小学的师生组织晋江县二区抗敌剧团。多才多艺的郑家玄为剧团的团歌作词，又为铸英学校校歌作词。这些歌气势磅礴、鼓舞人心，因而被广为传唱，影响深远。

⑤ 1942年，时任安海区特派员的许集美来铸英小学工作，与学校教导郑家玄时常接触。郑家玄高尚的品质和敬业的精神让许集美很敬重。1943年年初，经许集美介绍，郑家玄加入中国共产党，终于走上了为共产主义奋斗终生的道路。

⑥ 1943年，中共闽中特委为迎接福建省委机关南迁，指派郑家玄参加在仙游县上湖举办的学习班。他十分珍惜这个机会，努力学习马列理论，掌握共产党员必有的品质修养和组织纪律，思想上有了极大的提升。

⑦ 因革命工作之需,郑家玄于1944年担任中共安海区委书记。他不负重托,从组织建设入手,并广泛接触社会开明人士,做好统战工作。又在农村发展党组织,在短短的时间里把安海地区的工作搞得生机勃勃。

⑧ 为迎接新四军南下，中共泉州中心县委于1945年4月在安海召开会议，决定成立晋江、南安两个县工委，并任命郑家玄为晋江县工委书记。他接受重任后，不顾体弱多病，在晋江沿海一带做了大量的工作，建立了一批基层组织，为晋江的党组织打下坚实的基础。

⑨ 1945年夏，隐蔽在福建和平救国军中的闽中海上游击队暴露身份，闽中特委副书记蔡文焕被捕，党内文件和一些党员名单落入敌手。国民党"剿匪"指挥部大肆搜捕地下党员，情况万分危急！郑家玄把生死置之度外，马上转移同志，而他自己则继续发展党员，建立新的据点。

⑩ 1947年5月11日,游击队武装分四路攻打安海,次日凌晨完成战斗任务安全撤离。泉州中心县委为巩固革命据点,在安海成立泉州中心县委留守团,这项艰巨的任务就由郑家玄承担。在此期间,他坚持发动群众进行反内战、反"三征"斗争,同时以平易文体、通俗语言起草发行《晋南惠同安五县壮丁大同盟宣言》,有力地推动反"三征"斗争的开展。

⑪ 郑家玄身为泉州中心县委留守工作团负责人,积极在晋南一带坚持斗争,工作很快展开。1947年11月27日,他在南安县金淘乡岭后村检查工作时,被混入党内的特务告密,郑家玄和黄竹禄等人在岭后小学被捕,随即被关押在南安监狱。

⑫ 不久,郑家玄被转移到莆田国民党福建省保安第一团部。他在狱中挺住酷刑,与敌斗争。敌人见硬的不灵就把他押到安海,让其母亲拿着笔和纸来探监。面对悲伤的母亲,孝顺的家玄安慰道:"儿子没有做亏心事,没有什么可写的。"又捎信给妻子嘱咐道,假如他牺牲了,不要悲伤,而要更好地生活下去。

⑬ 郑家玄被捕后，泉州中心县委的同志尽力营救，甚至准备劫狱。但敌人防范太严，营救计划失败。1948年7月12日，在莆田南门外刑场上，郑家玄视死如归，高唱《国际歌》英勇就义，时年32岁。

# 后记

　　泉州不但是历史悠久的文化古城，更是座具有革命传统的光荣城市。从大革命时期到新中国成立前夕，在这方热土上，许多革命英烈为了理想和信念，抛头颅洒热血，前仆后继地进行英勇斗争，出现了许许多多感人的事迹。其中，从中共泉州特支到泉州中心县委的革命斗争史就是一个鲜活的例子。他们中的许多共产党人，为了崇高事业而献身的故事被后人广为传颂，青史留名，成为了一个时代的印记。在那险恶环境下，他们义无反顾地播撒革命种子，领导群众进行艰苦卓绝的斗争。当不幸被捕时，面对非人的酷刑，面对屠刀和枪口，他们蔑视敌人，坚贞不屈，从容就义。先烈们发出的"没有国，哪有家"的豪言壮语，至今仍具荡气回肠的感人力量，这种精神气节在现代社会中尤显珍贵。

　　一直以来，我都有以泉州革命英烈为原型而进行艺术创作的构想，希望用手中的笔浓墨重彩地表现这些经典传奇。这个创作构想，缘起小时候我经常听父亲讲泉州中心县委领导下的革命斗争故事。故事听多了，就常常想象着那艰苦斗争的情景和革命英雄的形象，而他们不畏艰难险阻、勇于斗争的英雄事迹也一直铭刻在我的心中。

去年，泉州市闽浙赣边区革命史研究会开始策划以雅俗共赏的连环画为表现形式，选编出版泉州革命英烈画传的工作，我有幸接受这一创作任务。在创作中，得到了研究会领导、专家的指导和帮助。我阅读了诸如《从中共泉州特支到泉州中心县委的革命斗争史》《中共泉州地方史》《大事记》和《泉州英烈》等地方革命史料十多种，熟悉了所选编的革命英烈的人生轨迹，经学习和消化，英烈的个性和形象在我心中逐渐清晰起来。

本连环画册的编绘，秉持尊重史实的原则，结合泉州革命斗争中的一些重要事件，注重故事的生动性和教育性。书以"铭记"为题，寄意着让年轻一代了解革命史实，把英烈的铮铮铁骨和大无畏的斗争精神镌刻于心，使红色基因代代相传。我的笔墨不能形容英烈精神之万一，因为他们的精神崇高而永恒。《铭记》的创作初衷是希望更多的人关注本土革命历史，铭记英烈不朽功绩，讲述红色斗争故事，珍惜当下幸福生活，秉承奋发的精神而勇立新时代潮头。

编绘者 洪志雄

2019年中秋于古刺桐